新编 中华文化基础教材

第二册

◎ 主　编　黄玉峰

◎ 副主编　朱　煜　丁慈矿

◎ 编委会（按姓氏音序排列）

丁慈矿　黄玉峰　蒋人杰　王琳妮　王振宁　赵志伟　朱　煜

中华书局

图书在版编目（CIP）数据

新编中华文化基础教材.第二册/黄玉峰主编.—
北京：中华书局，2018.3
ISBN 978-7-101-12950-2

Ⅰ.新… Ⅱ.黄… Ⅲ.中华文化—小学—教材
Ⅳ.①624.201

中国版本图书馆CIP数据核字（2017）第290178号

书　　名　新编中华文化基础教材（第二册）
主　　编　黄玉峰
副 主 编　朱　煜　丁慈矿
责任编辑　祝安顺　熊瑞敏
出版发行　中华书局
　　　　　（北京市丰台区太平桥西里38号 100073）
　　　　　http://www.zhbc.com.cn
　　　　　E-mail:zhbc@zhbc.com.cn
印　　刷　湖南天闻新华印务邵阳有限公司
版　　次　2018年3月北京第1版
　　　　　2018年3月北京第1次印刷
规　　格　开本/880×1230毫米　1/16
　　　　　印张4　字数40千字
印　　数　1-3000册
国际书号　ISBN 978-7-101-12950-2
定　　价　13.80元

编 写 说 明

　　一、《新编中华文化基础教材》是响应中共中央办公厅、国务院办公厅《关于实施中华优秀传统文化传承发展工程的意见》及教育部《完善中华优秀传统文化教育指导纲要》指导精神组织编写的中华优秀传统文化教材，一至九年级十八册，高中学段六册，共二十四册。

　　二、本教材以"立德树人"为教学宗旨，以分学段有序推进中华优秀传统文化教育为目标，注重培育和提高学生对中华优秀传统文化的亲切感和感受力，增强学生对中华优秀传统文化的理解力和理性认识，坚定文化自信。

　　三、本册教材供一年级下学期使用，包含十课，每课分为四个模块，分别为"识文断字""开蒙启智""诵诗冶性""博闻广识"。

　　1. "识文断字"模块为汉字教学。每课选取三到五个汉字，列出该字的古今字形，多数配备生动形象的图片，解析汉字的造字原理和规律，说明字义的古今演变，让学生对汉字的造字规律及其背后的文化内涵有初步的印象和了解。

　　2. "开蒙启智"模块为蒙学经典教学。每课选录古代蒙学经典的文段，辅以亲切简要的提示。内容选择上注重贯彻人格教育，引导学生了解、体会中华优秀传统文化的价值取向与思维模式，进而塑造良好的性格品质与行为方式。

　　3. "诵诗冶性"模块为诗词教学。每课选录适合小学生诵读的经典诗词若干首。古典诗词是中华优秀传统文化的精髓，对于陶冶学生的思想情操，丰富学生的情感体验，提高学生的审美能力等都有重要意义。

4."博闻广识"模块为文化常识教学。每课分主题介绍中华传统文化艺术各个方面的常识，拓展学生的文化视野。

本教材之编辑力求严谨，编写过程中广泛征求各界意见，期能以较完备之面貌呈现；然疏漏之处在所难免，敬祈学界先进不吝指正。

编者

2017 年 2 月

目 录

第一课

识文断字

　　用象形的方法可以为看得见的实物造字，比如树木的木（木），上面是树枝，下面是树根，很像。但是当我们要表示某一个动作，比如人们去采果子来做食物，怎么造字呢？我们的祖先很聪明，用两个象形字合起来，上面一个爪（爪），下面一个木（木），就合成了采（采）字，表示在树木上采集的意思。会合两个以上的字，造出一个新字，表示一种意思，这种造字方法叫会意。

　　"从"字是由两个"人"字合起来的，就像一个人跟着另一个人。因此，"从"字有"跟从""随从""听从"等意思。

 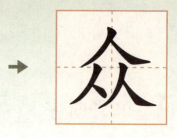

 "众"的古字形上面一个"日"，下面三个"人"，烈日当头，很多人在弯腰劳动，真有点"锄禾日当午"的样子。简化字"众"由三个"人"合成，表示许多人。

 "休"字由"人"和"木"合起来，表示一个人靠着大树休息，所以"休"就是休息的意思。人休息的时候就停止了工作、学习，所以也可以表示"休止"。

 "坐"字由两个"人"和一个"土"合成，像两个人坐在土地上。古人是席地而坐，就是地上铺了席子，人坐在席子上面，坐时两膝着地，臀部压在脚跟上。后来，改变习惯，坐在凳子、椅子上了。

你知道古人学习最重视什么吗?

一

shǒu xiào tì　　cì jiàn wén　　zhī mǒu
首孝弟，次见闻，知某

shù　　shí mǒu wén
数，识某文。

——《三字经》

学与习

孝顺长辈尊敬兄长是最重要的，然后才是增加自己的见识。

二

fù zǐ ēn　　fū fù cóng　　xiōng zé yǒu
父子恩，夫妇从。兄则友，

dì zé gōng　　zhǎng yòu xù　　yǒu yǔ péng
弟则恭。长幼序，友与朋。

——《三字经》

学与习

父子之间有恩情；夫妻和顺；兄长爱护弟弟，弟弟敬重兄长，年长的和年幼的之间有尊卑次序；朋友之间讲诚信。

在诗人眼里，孤单的时候，身边的一草一木，一条小河，一座高山，都是朋友。

独坐敬亭山

〔唐〕李白

众鸟高飞尽，孤云独去闲。
相看两不厌，只有敬亭山。

zhú lǐ guǎn
竹里馆

〔táng〕wáng wéi
〔唐〕王维

dú zuò yōu huáng lǐ　　tán qín fù cháng xiào
独 坐 幽 篁 里 ，　弹 琴 复 长 啸 。

shēn lín rén bù zhī　　míng yuè lái xiāng zhào
深 林 人 不 知 ，　明 月 来 相 照 。

学与习

鸟飞走了，云飘远了。只有敬亭山与诗人相伴。

明月皎（jiǎo）洁，琴声悠扬。只有独坐在竹林里的诗人能感受到大自然的趣味。

工笔画

中国画的种类很多，按照技法来划分，可以分为工笔和写意两大类。

工笔也叫细笔，与"写意"（粗笔）相对，属于细致工整一类的画法。例如宋代的"院体画"，明代仇英的人物画，清代沈铨（quán）的花鸟走兽画，以及近代陈之佛、于非闇（àn）的花鸟画。古人概括工笔画的特点是："巧密而精细。"就是说这种画，画得非常细致精密，几乎把一根毫毛都画出来。

第 二 课

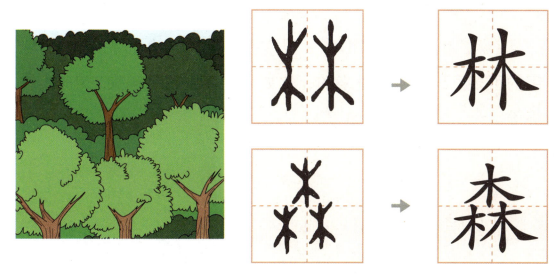

📢 "林"和"森"都由多个"木"合成，所以它们都表示茂密丛生的树木。许多松树，可以叫做松林；许多桃树，可以叫做桃林。"森林"，是很大的一片树木。森林面积大，对改善气候、预防水旱风沙等灾害很有好处。

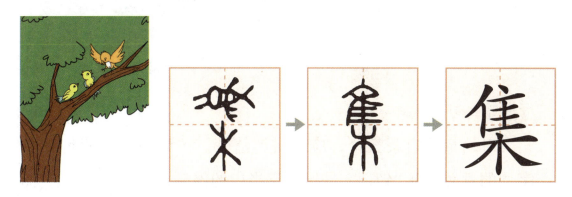

📢 "集"的古字形由"隹"（zhuī）和"木"合成，表示鸟停在树上，所以"集"的意思就是聚集。鸟常常是一群一群地聚集在树木上，因此许多人聚在一起就叫"集合""集中""集会"。

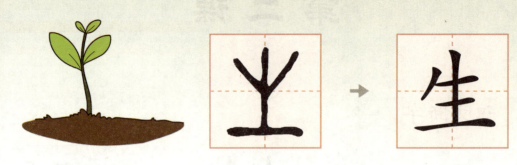

"生"的古字形像一根草在土里生长出来了。"生"字的很多意思都从这里来的，比如出生、生长、生火、生命，等等。

开蒙启智

按照方法读书，才能读得有效。

一

fán xùn méng，xū jiǎng jiū
凡 训 蒙， 须 讲 究 。
xiáng xùn gǔ，míng jù dòu
详 训 诂， 明 句 读 。

——《三字经》

学与习

对幼童的启蒙教育，应当讲解清楚。"训诂"指的是解释字词的意义，而"句读"是指文章当中的停顿，长停顿叫"句"，短停顿叫"读"。可见，读通语言文字是学习知识和道理的基础。

wéi xué zhě　　bì yǒu chū
为 学 者 ， 必 有 初 。
xiǎo xué zhōng　　zhì sì shū
小 学 终 ， 至 四 书 。

——《三字经》

学与习

　　"为学"是"做学问"的意思。刚开始学习要夯（hāng）实基础，读完《小学》，才能学习"四书"。《小学》是宋代大儒朱熹编写的，主要内容是教导孩子明白人伦、修养德行。"四书"是《论语》《孟子》《大学》《中庸》的合称。

诵诗冶性

　　古代交通不便，远行、告别就成了一件很重要的事情。

féng xiá zhě
逢 侠 者

táng qián qǐ
〔唐〕钱起

yān zhào bēi gē shì　　xiāng féng jù mèng jiā
燕 赵 悲 歌 士 ， 相 逢 剧 孟 家 。
cùn xīn yán bú jìn　　qián lù rì jiāng xié
寸 心 言 不 尽 ， 前 路 日 将 斜 。

sòng zhū dà rù qín
送朱大入秦

〔唐〕孟浩然
táng mèng hào rán

游人五陵去， 宝剑值千金。
yóu rén wǔ líng qù　　bǎo jiàn zhí qiān jīn

分手脱相赠， 平生一片心。
fēn shǒu tuō xiāng zèng　　píng shēng yí piàn xīn

学与习

　　赵、燕两地多侠士，今天我们相逢于侠士剧孟的故乡洛阳。心中之事倾诉不完，无奈天色已晚，只好告别。

　　朱大你要到长安去了，我有一把价值千金的宝剑现在就送给你，以表示我对你的友情。

写 意 画

写意，俗称"粗笔"，与"工笔"相对，属于简略一类的画法。这种技法要求通过简练概括的笔墨，着重描绘物象的意态神韵。南宋的梁楷、法常，明代的陈淳、徐渭，清初的八大山人都擅长这种画法。但是简单笔画不是没技法，不是不用心。古人概括写意画的特点是："用笔简易而意全者。"就是说，这种画虽然用笔很简单，寥（liáo）寥几笔，看上去像胡乱涂抹，其实他的意思表达得很周全，留给你丰富的想象空间。

第 三 课

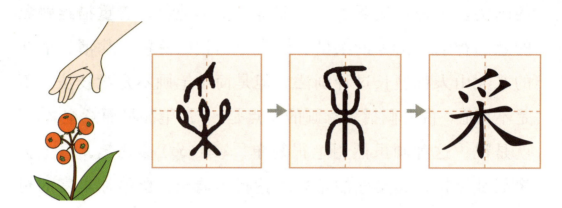

📢 "采"的古字形上面是"爪"，下面是"木"，中间的小圆圈代表果子，合起来表示用手在树上采集果实和树叶的意思。人类在学会种植之前，采集是获得食物的极重要的方式。"采花""采茶""采葡萄"都用这个"采"字。

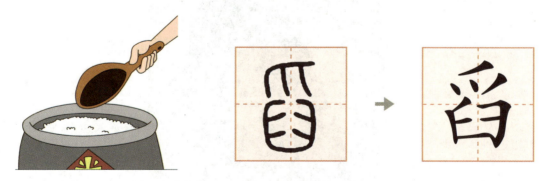

📢 "舀"的上面是"爪"，下面是"臼"（jiù），"臼"是木头或石头做的舂（chōng）米的器具，像一个大大的碗。两个字合起来，表示一个人伸手在臼中掏东西的样子。现在我们舀水、舀汤当然都用勺子、调羹，不用手了。

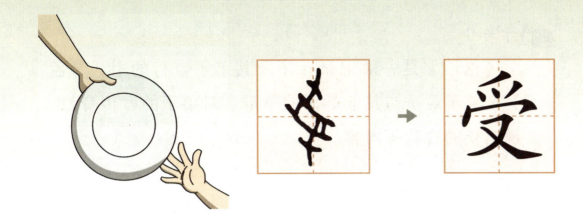

📢 "受"的古字形，上面一只手，下面一只手，中间一个盘子，表示一方给，一方接受。现在我们讲"受凉""受教育"，接受的都不是像盘子一样看得见、摸得着的东西了。

开蒙启智

下面两段话里提到的几本书都是古代小朋友的课本。

一

lún yǔ zhě　　èr shí piān　　qún dì
《论语》者，二十篇。群弟

zǐ　　jì shàn yán　　mèng zǐ zhě　　qī piān
子，记善言。《孟子》者，七篇

zhǐ　　jiǎng dào dé　　shuō rén yì
止。讲道德，说仁义。

——《三字经》

《论语》是一部记录孔子及其弟子言行的书，《孟子》记载了孟子与其他学派的争辩、对弟子的言传身教、游说诸侯的言论等内容。

二

zuò zhōng yōng　　 zǐ sī bǐ　 zhōng bù
作《中庸》，子思笔。中不

piān　 yōng bú yì　 zuò dà xué　　 nǎi zēng
偏，庸不易。作《大学》，乃曾

zǐ　 zì xiū qí　 zhì píng zhì
子。自修齐，至平治。

——《三字经》

《中庸》据说是孔子的孙子孔伋（jí，字子思）所著。"中"的意思是不偏不倚，"庸"的意思是平常，"中庸"的意思是个人修养要平和适度，社会也就能和谐安定。《大学》相传是曾子（曾参）所著，主张先修养自身品性，然后才能管好家族，整治国邦，并最终平定天下。

古人写诗常用典故，有时还会说反话。这样的诗会比较难懂，下面两首就是这样的作品。如果你实在不理解诗歌的意思，也没有关系，读熟就行。

咏史

〔唐〕高适

尚有绨袍赠，应怜范叔寒。
不知天下士，犹作布衣看。

15

罢相作

〔唐〕李适之

避贤初罢相，乐圣且衔杯。
为问门前客，今朝几个来？

学与习

《咏史》中讲到一个故事：战国时期的范雎（suī），原来是魏国人，由于被须贾告状，差点丧命。后来范雎逃到秦国当了宰相。有一次，须贾到秦国访问，范雎故意穿得破破烂烂的去拜见他。没想到须贾见范雎可怜，送了一件绨袍给他御寒。范雎感到须贾还有故人之情，就宽恕了须贾。

李适之被罢免了丞相之职，于是用讽刺的语气写了《罢相作》。他说，我刚被罢官，现在可以尽情喝酒了。过去常来我家的宾客们，还有几个愿意再来喝酒的呢？

人 物 画

人物画是中国画中以人物形象为主体的画，它和花鸟画、山水画同是国画中重要的门类。但它比后两者出现更早。古代中国的人物画大多是画佛教人物、仕女、历史故事。人物画要求把人物的个性刻画得逼真传神，气韵生动，形神兼备。历史上著名的人物画有东晋顾恺之《洛神赋图》，唐代韩滉（huàng）《文苑图》，五代顾闳（hóng）中《韩熙载夜宴图》等。现代以来，人物画吸收了西洋画的技法特点，内容也广阔多了。

第 四 课

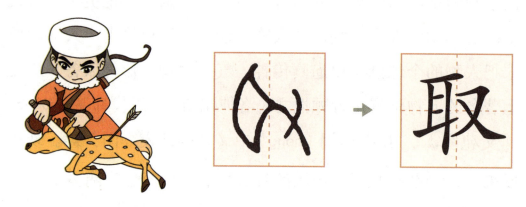

"取"的古字形左边是一只耳朵，右边是一只手，表示"获取""取得"的意思。古人打猎的时候，谁打到了，就割取猎物的左耳，那这只野兽就归他了。"取"有拿到、得到的意思，比如"领取"新书，到银行去"取款"。

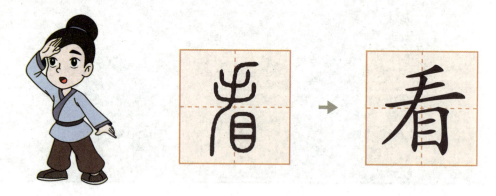

"看"的上面是"手"字的变形，下面是"目"，表示用手遮在眼睛上仔细地看。我们现在常说的"看戏""看病""看不见"，虽然意思各不相同，但还都是与眼睛有关的。

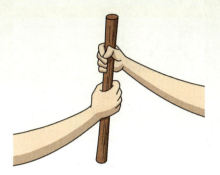  

📢 这是"争夺"的"争"字，"争"的古字形上半部的"爪"是一只手，下半部由另一只手（彐）和一根棍棒一样的东西组成，两手相争，互不退让。不过我们大家发表意见，"争论"起来，那就不是用手了。

📢 "牧"的古字形左边是一头牛，右边是一只拿着棍棒的手，合起来表示牧民拿着棍棒放牛的意思。"牧"虽然是牛字旁，但其实放牧其他动物也可以用，放羊就叫"牧羊"，放马就叫"牧马"。我们的祖先很早就学会了驯养和放牧，这就有了畜牧业。

开蒙启智

让我们继续了解古代小朋友的课本。

一

《孝经》通，四书熟。如六经，始可读。《诗》《书》《易》，《礼》《春秋》。号六经，当讲求。

——《三字经》

学与习

《孝经》是讲述孝道的书。读熟了《孝经》和"四书"之后，才能开始研读《诗》《书》《易》《礼》《乐》《春秋》这"六经"（其中《乐经》已经失传了）。

二

有《连山》，有《归藏》，有《周易》，三易详。

——《三字经》

学与习

《连山易》《归藏易》《周易》被称为"三易"，现在只有《周易》留存于世。"易"讲的是宇宙和人世万物变化循环的道理。

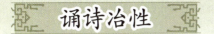

秋天是一个引发愁思的季节。

秋 风 引

〔唐〕刘禹锡

何 处 秋 风 至 ？ 萧 萧 送 雁 群 。

朝 来 入 庭 树 ， 孤 客 最 先 闻 。

秋 日 湖 上

〔唐〕薛莹

落 日 五 湖 游 ， 烟 波 处 处 愁 。

沉 浮 千 古 事 ， 谁 与 问 东 流 。

学与习

秋风来了，孤独的游子总是最早知道，因为他的心中有寒意。

湖面迷蒙，历朝历代的往事不必去问，因为早已消散一空。

山　水　画

　　山水画以描绘山川自然景物为主体，魏晋南北朝时已有所发展，但还附属于人物画。隋唐时期，山水画成为独立画科。五代北宋时，山水画开始兴盛起来，出现了荆浩、董源、巨然、范宽等一批名家，米芾（fú）和他儿子米友仁的水墨画、王希孟等人的"青绿山水"均达到山水画的顶峰，山水画也成为中国画的一大画科。元代以后，山水画趋向写意，开出新风，明清时期仍有所发展，时出新貌。山水画分为水墨、青绿、金碧、没（mò）骨、浅绛（jiàng）、淡彩等多种形式。

　　山水画中的人物往往画得很小，表示我们传统文化中对人在自然中位置的认识，觉得人是很渺小的。

第 五 课

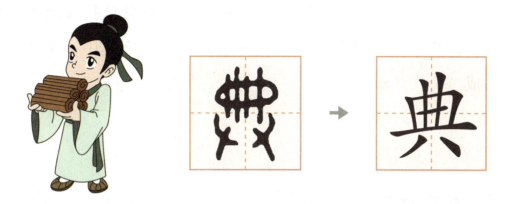

"典"是可以用来作为根据的书籍。我们有不认识、不懂的字词，就去查字典词典。"典"的古字形，上面是"册"字，就是串起来的竹简、木简，被双手捧着，非常看重的样子。

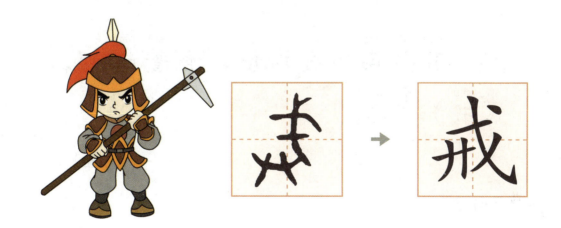

"戈"是古代的一种兵器。"戒"的古字形是一个人两手握着戈，防备敌人来侵犯。现代汉字中两只手写成了"廾"（gǒng）。"戒"就是警戒、戒备的意思。

"友"的古字形是左右两只手，意思是我在做事，有人会伸出手来帮助我，那是我的朋友。后来把其中一个"又"写成"ナ"（zuǒ）。

开蒙启智

《尚书》《周礼》对小朋友而言是很深奥的书，可是古代的小朋友必须去读。

一

yǒu diǎn mó yǒu xùn gào yǒu shì mìng
有典谟，有训诰，有誓命，
shū   zhī ào
《书》之奥。

——《三字经》

学与习

《尚书》是一部历史文献汇编，非常深奥难懂。典、谟、训、诰、誓、命是《尚书》中不同的文体类型，内容包括典章制度、政令通告等。

二

wǒ zhōu gōng　　zuò　zhōu lǐ　　zhù liù
我 周 公，作《周 礼》。著 六

guān　　cún zhì tǐ
官，存 治 体。

—— 《三字经》

学与习

　　周公是周武王的弟弟，曾帮助武王讨伐商纣王，并且制礼作乐，因为他的封地在周，所以被称为周公。《周礼》传说是周公所作，是一部通过官制来表达治国思想的书。

诵诗治性

　　古代有很多英雄，比如荆轲、项羽等，他们的事迹常被诗人写到诗中传颂。

yú yì shuǐ sòng bié
于 易 水 送 别

táng　　luò bīn wáng
〔唐〕骆 宾 王

cǐ　dì　bié　yān dān　　zhuàng shì　fà　chōng guān
此 地 别 燕 丹，壮 士 发 冲 冠。
xī shí rén yǐ mò　　jīn rì shuǐ yóu hán
昔 时 人 已 没，今 日 水 犹 寒。

夏日绝句

〔南宋〕李清照

生当作人杰，死亦为鬼雄。
至今思项羽，不肯过江东。

学与习

骆宾王站在易水边，想起战国时荆轲在这里告别燕国太子丹，去秦国刺杀秦王的事。

李清照在一个夏日则想起了在乌江边战败自刎的项羽。

不管哪个朝代的人，怀想历史，受到启发，产生联想，都是很有意思的事。

花鸟画

花鸟画是中国画中另一重要门类，以鸟兽草木为绘画对象。据北宋《宣和画谱》记载，花鸟画的出现与《诗经》所谓"多识于鸟兽草木之名"相关，可与读诗互相配合。历代擅长花鸟画的名家很多，例如唐代薛稷（jì）画鹤，边鸾（luán）画孔雀，刁光胤（yìn）画花竹，五代郭乾晖的鹰，黄筌（quán）、徐熙（xī）之的花鸟，等等。一直到近现代，依然名家辈出，各有特点。花鸟画中，以"四君子"梅、兰、竹、菊四种花卉为题材的作品最多。花鸟画往往是用来点缀（zhuì）居室的。

第 六 课

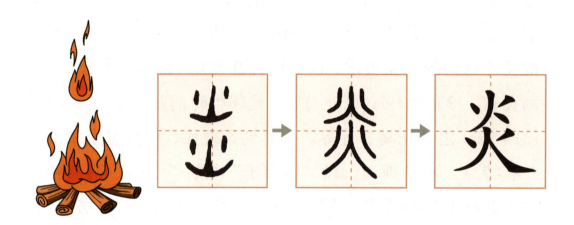

🔊 像两个"木"合成"林"表示许多树木一样，两个"火"合成"炎"，表示火很旺、很热。"炎热""炎夏""赤日炎炎"，都是非常热的意思。

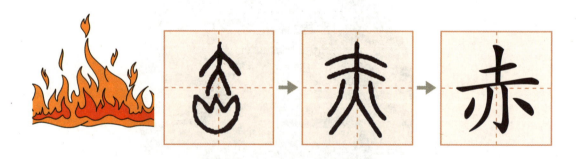

🔊 "赤"的古字形上面是"大"字，下面是"火"字，"赤"就是大火的颜色。

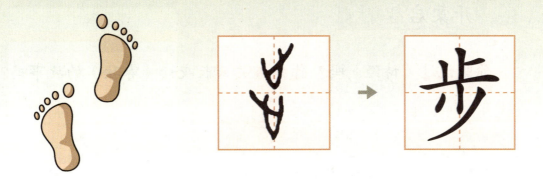

📢 "步"的古字形是上下两个方向相反的"止"。"止"是脚，下半部是脚掌，上半部是脚趾。两只脚一前一后在走路。因此，随便走走就叫"散步"。请注意，"步"的下半部分不是"少"，右边不能多一个点儿。

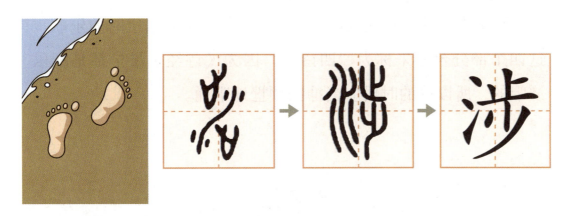

📢 "涉"由"步"和"水"合成，"涉"的古字形中间是水，水的两边各有一只脚，表示徒步蹚水过河的意思。由于徒步过河会有掉进水里的危险，所以"涉"可以表示经历某一个困难的过程，例如"跋涉""涉险"。

你听说过《诗经》吗？你知道关云长夜读《春秋》的故事吗？

一

yuē guó fēng　　yuē　yǎ　sòng
曰《国风》，曰《雅》《颂》。
hào sì shī　dāng fěng yǒng
号四诗，当讽咏。

——《三字经》

学与习

《诗经》中的《国风》部分属于地方上的歌谣；而《大雅》《小雅》则是周王朝直辖地区的音乐；《颂》是宗庙祭祀时的乐歌。这四个部分合起来称为"四诗"。因为《诗经》最早都是配乐演唱的，所以读的时候应当抑扬顿挫地唱诵。

二

shī　　jì wáng　　chūn qiū　zuò　　yù
《诗》既亡，《春秋》作。寓
bāo biǎn　bié shàn è　sān zhuàn zhě　yǒu　gōng
褒贬，别善恶。三传者，有《公
yáng　　yǒu　zuǒ shì　yǒu gǔ liáng
羊》。有《左氏》，有《穀梁》。

——《三字经》

学与习

　　《诗经》的大义衰微之后，《春秋》继而兴起。《春秋》
是一部编年体史书，它的文字简练，隐含着对现实政治的褒贬
和对各国善恶言行的分辨，后世把这种写法称为"春秋笔法"。
解释"经"的书叫作"传"，"春秋三传"指的是《春秋左氏传》
《春秋公羊传》《春秋穀梁传》。

诵诗冶性

　　中国历史悠久，古诗中的几个字背后可能就是一个很长的故事。

gōng　cí
宫　词

táng　zhāng hù
〔唐〕张祜

gù　guó　sān　qiān　lǐ　　shēn　gōng　èr　shí　nián
故　国　三　千　里，深　宫　二　十　年。

yì　shēng　hé　mǎn　zǐ　　shuāng　lèi　luò　jūn　qián
一　声《何　满　子》，双　泪　落　君　前。

八阵图
bā zhèn tú

〔唐〕杜甫
táng dù fǔ

功 盖 三 分 国 ， 名 成 八 阵 图 。
gōng gài sān fēn guó　míng chéng bā zhèn tú

江 流 石 不 转 ， 遗 恨 失 吞 吴 。
jiāng liú shí bù zhuǎn　yí hèn shī tūn wú

学与习

　　何满子是唐玄宗时著名歌手，据说她曾经得罪了皇帝，被推出就刑。就刑前她高歌一曲，曲调悲愤。结果皇帝听到了，因爱惜她的才华而降旨缓刑。《宫词》写的是久入皇宫的宫女思念家人的情形。

　　《八阵图》写的是诗人对诸葛亮的怀想。你知道诸葛亮吗？如果不知道的话，可以读一读《三国演义》。

新编中华文化基础教

篆　刻

篆刻是镌（juān）刻印章的通称。因为印章的字体大多采用篆书，先写后刻，所以叫篆刻。

篆刻是书法艺术通过刀刻以后的再现，是书法、章法、刀法三者综合的艺术。篆刻的历史源远流长，种类有很多，有秦印、封泥等。秦汉魏晋时期，由印工制印模，然后浇铸而成。也有用晶玉角木直接刻的。相传元末王冕开始用青田石刻印，由于镌刻方便，便广泛流行。到明代，篆刻成为一门学问，涌现出大量名家，形成各种流派。

齐白石篆刻作品

第 七 课

 "家"字上面是"宀"（mián）字，俗称宝盖头，是房屋的意思；下面的"豕"（shǐ）就是猪。古代的人们多在屋子里养猪，所以房子里有猪就成了家的标志。在海南岛一些古老的黎族村落中，至今还保留着人和家畜住在　栋楼的传统，人居住在上层，家畜养在下层。

 "寇"字上面也是"宀"字，就是房屋，房子里面有一个人，现在写成"元"，剩下的"攴"（pū）像一只手拿着棍子。拿着棍子冲进别人家里的人就是强盗。因此外国侵略者也叫做寇，如第二次世界大战时的"日寇"。

🔊 "牢"本是养牲口的栏圈，后来，把关犯人的地方也称作"牢"，例如"监牢"。

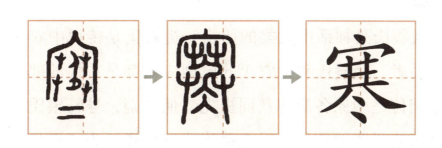

🔊 "寒"字由好几个字合起来表示意思。看看"寒"的古字形多有趣，房屋里堆着草，人躲在中间，下面结着冰，还不寒冷吗？下面的两横或两点表示冰，因此"冷""冰""冻"的部首都是"冫"（bīng）。

古代的小朋友在识字的同时，要了解祖国的历史。

一

zì xī nóng　　zhì huáng dì　　hào sān
自 羲 农 ， 至 黄 帝 。 号 三

huáng　　jū shàng shì
皇 ， 居 上 世 。

——《三字经》

学与习

　　伏羲氏是神话中人类的始祖，神农氏是传说中农业和医药的发明者。伏羲氏和神农氏的原型应当都是古代的部落首领。黄帝相传是中原各族的共同祖先，他姓姬，号轩辕氏，是古代华夏部落联盟的首领。后人尊称这三位帝王为"三皇"，他们生活在远古时代。

二

táng yǒu yú　　hào èr dì　　xiāng yī
唐 有 虞 ， 号 二 帝 。 相 揖

xùn　　chēng shèng shì　　xià yǒu yǔ　　shāng yǒu
逊 ， 称 盛 世 。 夏 有 禹 ， 商 有

tāng　　zhōu wén wǔ　　chēng sān wáng
汤 ， 周 文 武 ， 称 三 王 。

——《三字经》

　　第一句中的"唐"就是唐尧，是传说中上古时期的部落联盟首领。唐尧通过三年的考察，选择虞舜（就是"有虞"）做他的继承人。这两位领袖并称"二帝"。虞舜后来又选拔治水有功的大禹做继任者。像这样选择贤人继承王位的做法，叫作"禅（shàn）让"。夏朝的建立者大禹，商朝的建立者成汤，周朝的建立者周文王、周武王，并称为"三王"。

诵诗冶性

　　古诗里记录的古代日常生活，读起来很有趣。

新嫁娘词
xīn jià niáng cí

〔唐〕王建
táng　wáng jiàn

三日入厨下，洗手作羹汤。
sān rì rù chú xià，xǐ shǒu zuò gēng tāng

未谙姑食性，先遣小姑尝。
wèi ān gū shí xìng，xiān qiǎn xiǎo gū cháng

问刘十九
wèn liú shí jiǔ

〔唐〕白居易
táng bái jū yì

绿 蚁 新 醅 酒， 红 泥 小 火 炉 。
lù yǐ xīn pēi jiǔ　　hóng ní xiǎo huǒ lú

晚 来 天 欲 雪， 能 饮 一 杯 无 。
wǎn lái tiān yù xuě　　néng yǐn yì bēi wú

学与习

一个女孩子刚嫁入婆家，洗了手，为婆婆做羹汤。因为不知道婆婆的口味，还特地请小姑子（丈夫的妹妹）来试吃。

诗人打开一缸新酿的美酒，可是一个人喝太没意思了。于是他写信邀请朋友一起来喝酒赏雪。你能说出《问刘十九》中提到了几种颜色吗？

新编中华文化基础教材 第二册

造像雕塑

造像雕塑是雕塑艺术中的重要门类。这里我们主要介绍石窟（kū）造像、寺庙造像和祠庙造像三类。

石窟造像是我国宗教雕塑艺术的一个重要类别，有很高的艺术和历史文化价值。石窟是指开凿在崖壁上的洞窟，一般认为始于南北朝，造像是指雕塑的佛像。中国著名的石窟造像有：敦煌石窟造像、麦积山石窟造像、云冈石窟造像、龙门石窟造像。

寺庙造像是指佛教或道教单独成件的雕刻作品，多见于寺庙。南北朝隋唐是石刻造像的鼎盛时期。

祠庙造像常常是同族人共同祭祀祖先，或社会公众、某个阶层为共同祭祀有贡献的人而建造的纪念性的肖像。唐宋时期，盛行为皇帝塑像以便祭祀。

麦积山石窟造像

第 八 课

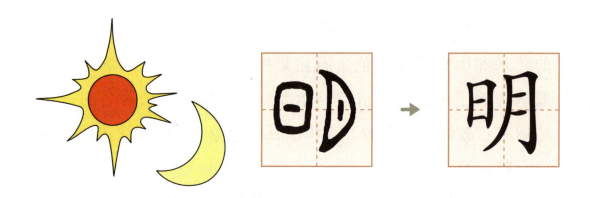

🔊 白天，太阳给我们带来光明；夜晚，月亮照亮了大地。我们的祖先造了个"日月明"，用"明"表示明亮的意思。

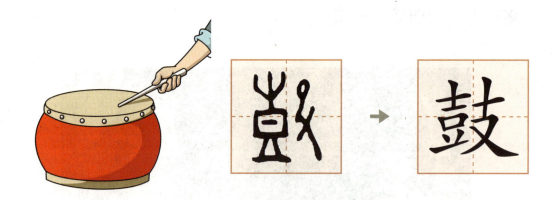

🔊 "鼓"是最古老的乐器之一。"鼓"的古字形中，左边的"壴"（zhù）现在已经不用了，像一面大鼓；右边的"支"像一只拿着树枝的手。合起来的意思就是用手拿着鼓槌敲鼓。

 少力，就是力气小，就是弱小，就是差劲，相反则是强大，是优良。"劣"可以用来说东西质量坏，如"劣质酒"。人们还常用"恶劣"来说人或天气等特别不好。

 古人用兽皮做衣服，先要用刀把皮裁割开，再缝起来，后来用布做衣服，也是从用剪刀把布裁开来开始的。"衣"字做偏旁一般写成"衤"，用"衣"和"刀"合成的"初"，表示开始的意思。

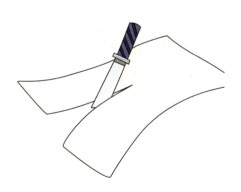

暴君总是没有好下场的。

一

xià chuán zǐ　　jiā tiān xià　　　sì bǎi zǎi　　　qiān
夏传子，家天下。四百载，迁
xià shè　　tāng fá xià　　　guó hào shāng　　liù bǎi
夏社。汤伐夏，国号商。六百
zǎi　　　zhì zhòu wáng
载，至纣亡。

——《三字经》

学与习

　　大禹把王位传给了儿子启，不再选贤禅让，夏朝建立，从此天下为一个家族所有。四百多年后，夏朝覆灭。成汤讨伐夏朝的暴君桀，建立了商朝。又过了六百多年，商朝毁在了暴君纣王的手里。

二

zhōu wǔ wáng　　shǐ zhū zhòu　　　bā bǎi zǎi
周武王，始诛纣。八百载，
zuì cháng jiǔ　　zhōu zhé dōng　　　wáng gāng zhuì　　chěng
最长久。周辙东，王纲坠。逞
gān gē　　shàng yóu shuì
干戈，尚游说。

——《三字经》

周武王继承了文王的遗志，诛杀了纣王，建立了周朝，周朝一共延续了八百多年。在这当中，周平王将国都从镐（hào）京东迁到了洛邑，迁都前叫西周，迁都后叫东周。东周王室无力掌控天下，各国诸侯纷纷称霸称王，谋士凭借他们的口才劝说各国诸侯采纳他们的计策。

诵诗冶性

有时候，风景会影响到我们的情绪。等你长大了，就会明白的。

hè zhāng pú yè sài xià qǔ
和张仆射塞下曲

táng lú lún
〔唐〕卢纶

yuè hēi yàn fēi gāo chán yú yè dùn táo
月黑雁飞高，单于夜遁逃。
yù jiāng qīng jì zhú dà xuě mǎn gōng dāo
欲将轻骑逐，大雪满弓刀。

登乐游原

〔唐〕李商隐

向晚意不适，驱车登古原。

夕阳无限好，只是近黄昏。

学与习

月黑风高之夜，敌军将领悄悄逃跑了。正想带领人马去追赶，此时刀剑上已经积满雪花。

诗人驾车登上古原，此时的夕阳很漂亮，可是诗人却开心不起来，你猜这是为什么？

摩崖石刻

摩崖石刻是中国古代的一种石刻艺术。摩，有接触、抚摸、切磋（cuō）等含义；崖，就是山壁。摩崖石刻，顾名思义，就是攀到山崖上，在石壁上雕刻。摩崖石刻有广义和狭义之分，广义的指刻在山崖上的字、画和造像，狭义的专指利用天然的石壁刻的诗文。摩崖石刻在北朝很盛行，以后连绵不断，每一朝代都有。因为这些诗文记录了当时的事件和创作者的心情，而且石刻的保存年代久远，所以，它具有丰富的文化内涵和史料价值，在书法艺术上也有特殊的价值。最有名的石刻是泰山金刚经石刻。

泰山金刚经石刻

第 九 课

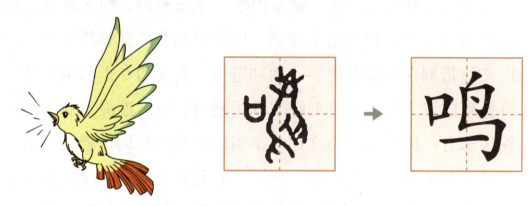

　　"鸣"，本是鸟叫，一个口字，一个鸟字，鸟用口发出声音。后来，其他动物叫也可用"鸣"，像虫鸣，马鸣。还可以用在其他东西发出声音上，像雷鸣，鸣炮等。

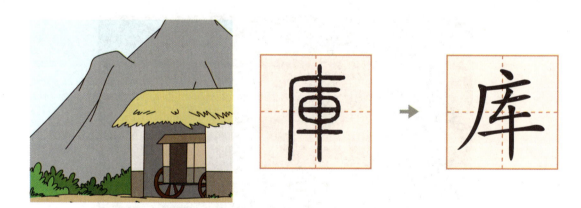

　　"广"（yǎn）是靠着山壁造的房子，因此与"宀"字相比，少了一边的墙壁。"广"字现在不单独用。"库"是放车子的房子。现在放车子的地方还叫车库，不过也可以用在其他方面，如"水库""金库""库房"。

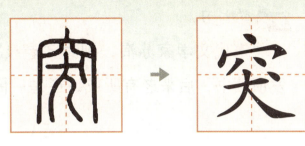

"穴"就是洞穴、窟窿（kū long）。狗从洞穴中窜出来，让人感到意外，这就是"突然"的意思。"突"是猛冲出来，因此还有"突围""突破"等意思。

开蒙启智

有的人很早就知道发奋读书，有的人则明白得迟些。你对此有什么看法？

一

sū lǎo quán　　èr shí qī　　　shǐ fā fèn
苏老泉，二十七。始发愤，
dú shū jí　　　bǐ jì lǎo　　yóu huǐ chí　　ěr xiǎo
读书籍。彼既老，犹悔迟。尔小
shēng　　yí zǎo sī
生，宜早思。

——《三字经》

宋代文学家苏洵，别号"老泉"。他直到二十七岁才开始发愤读书，后来老有所成，还是后悔自己没有早点开始学习。

二

ruò liáng hào　　bā shí èr　　duì dà tíng
若梁灏，八十二。对大廷，

kuí duō shì　　　bǐ jì chéng　　zhòng chēng yì　　ěr xiǎo
魁多士。彼既成，众称异。尔小

shēng　　yí lì zhì
生，宜立志。

——《三字经》

五代末年的梁灏，一直到北宋年间才考中状元，这时候他已经八十二岁了。他在朝堂上回答皇帝的策问，在众多名士中一举夺魁。作为正当大好年华的少年，大家是不是应当认真思考一下立志的问题呢？

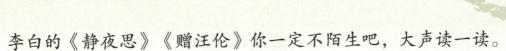
李白的《静夜思》《赠汪伦》你一定不陌生吧，大声读一读。

静夜思
〔唐〕李白

床前明月光，疑是地上霜。
举头望明月，低头思故乡。

赠汪伦
〔唐〕李白

李白乘舟将欲行，忽闻岸上踏歌声。
桃花潭水深千尺，不及汪伦送我情。

学与习

月亮、深潭，都能入诗，主要是因为诗人有情。

49

建筑雕塑

在至今还保留的古代高门大户里，我们经常看到很多砖雕木雕，它们有着装饰和教化的作用。这些雕塑大多安置在墙面、门楣（méi）、照壁或者台基等处，在建筑的上部、中部、下部都有。大型建筑中的公共活动空间，也经常安放这类雕塑。

建筑雕塑要与建筑本身保持和谐。室内装饰要配合墙面和环境，适应光源需要；室外部分则要考虑到子午线、朝向、以及早晚的不同需要，采取相应的技巧和措施。

建筑雕塑既能增加建筑本身空间感，又能美化建筑整体，突出建筑主题思想，是建筑的重要组成部分。

第 十 课

　　"苗"由"艹"（草）和"田"合成，田里生长的形状像草一样的幼小的农作物，叫做苗，如麦苗、豆苗、蒜苗等。

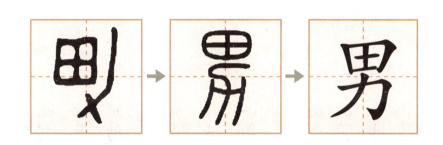

　　"男"的古字形左边是"田"，右边是个耕田的工具。后来左右结构变成了上下结构，意思是一样的。在古代，耕田主要是由男人完成的，所以能在田地里耕田的人称为"男"。

 "保"的古字形左边是一个大人，在他的身后是一个孩子，像一个大人背着自己的孩子，也像大人站在前面保护孩子。

开蒙启智

古人读书真是辛苦，真是勤奋。

一

pī pú biān　　xiāo zhú jiǎn　　bǐ wú shū
披蒲编，削竹简。彼无书，
qiě zhī miǎn
且知勉。

——《三字经》

学与习

西汉时的路温舒家里贫困，他就在放羊时用蒲草编成册子用来写字。同为西汉人的公孙弘幼年贫寒，他就在放猪时削竹片做成简册，向人借书抄在上面苦读。

tóu xuán liáng zhuī cì gǔ bǐ bú jiào
头 悬 梁，锥 刺 股。彼 不 教，

zì qín kǔ
自 勤 苦。

——《三字经》

学与习

楚国的孙敬读书非常刻苦，他把头发拴在房梁上，这样一旦疲倦打瞌睡，悬在梁上的头发一拉，他就会疼得醒来。战国时的苏秦发奋苦读，为了驱走倦意，他就用锥子刺大腿来警醒自己。我们要学习古人勤学的精神，但千万不要尝试这种危险做法哦！

诵诗冶性

弹琴、远行，都能激发诗兴。

听 弹 琴
tīng tán qín

táng liú zhǎngqīng
〔唐〕刘长卿

líng líng qī xián shàng jìng tīng sōng fēng hán
泠 泠 七 弦 上，静 听 松 风 寒。

gǔ diào suī zì ài jīn rén duō bù tán
古 调 虽 自 爱，今 人 多 不 弹。

宿建德江

〔唐〕孟浩然

移舟泊烟渚，日暮客愁新。
野旷天低树，江清月近人。

学与习

刘长卿说喜欢听松涛，喜欢听古曲，可是现在的人却不爱弹。你猜此时，他的心情如何？

孟浩然出门在外，所乘的小船停泊在建德江边。看着明月、清江和树影，你猜他在想什么？

博闻广识

工艺雕塑

为了美化居室，人们在室内会摆放一些工艺雕塑作品。"雕"指雕刻，"塑"是塑造。如玉石雕刻、红木雕刻、黄杨木雕、竹雕和一些塑像等。有的雕刻还与实用的家具融为一体。工艺雕塑的内容一般是佛像、名人像，比如关公像、济公像，更多的是吉祥物：如大象、奔马、玉兔、如意、龙凤、狮虎，有雕刻历史故事的花屏，也有一些装饰性的浮雕，如梅竹兰菊四君子。工艺雕塑，除美化环境以外，还有纪念意义和教化作用。

第十课

新编中华文化基础教材

第二册

ISBN 978-7-101-12950-2

9 787101 129502

定价: 13.80元